The Adventures Of The Little Bee: And Other Bilingual German-English Stories for Kids

Pomme Bilingual

Published by Pomme Bilingual, 2024.

While every precaution has been taken in the preparation of this book, the publisher assumes no responsibility for errors or omissions, or for damages resulting from the use of the information contained herein.

THE ADVENTURES OF THE LITTLE BEE: AND OTHER BILINGUAL GERMAN-ENGLISH STORIES FOR KIDS

First edition. July 22, 2024.

ISBN: 979-8227725592

Written by Pomme Bilingual.

Table of Contents

Der Kleine Hase und der Weise Fuchs

In einem tiefen, verwunschenen Wald lebte ein kleiner Hase namens Hugo. Hugo war neugierig und abenteuerlustig, aber auch sehr vorsichtig. Eines Tages, als er durch die Lichtungen hoppelte, hörte er ein Rascheln hinter einem großen, alten Baum.

„Wer ist da?" fragte Hugo mit zitternder Stimme.

Aus dem Schatten trat ein großer, weiser Fuchs. Seine Augen funkelten freundlich, und seine Stimme war warm und beruhigend. „Hab keine Angst, kleiner Hase. Mein Name ist Finn. Ich habe dich schon oft gesehen und bewundert, wie du die Welt erkundest."

Hugo war überrascht. „Aber Füchse und Hasen sind doch keine Freunde, oder?"

Finn lächelte sanft. „Die Welt ist voller Geschichten über Freundschaften, die unwahrscheinlich erscheinen. Vielleicht können wir unsere eigene Geschichte schreiben."

Hugo war unsicher, aber etwas in Finns Augen ließ ihn vertrauen. „Wohin willst du gehen?" fragte Hugo.

„Komm mit mir auf eine Reise," sagte Finn. „Ich möchte dir einen besonderen Ort zeigen, an dem die Sterne so nah scheinen, dass man sie fast berühren kann."

Neugierig und aufgeregt folgte Hugo dem Fuchs durch den Wald. Sie durchquerten dunkle Täler und überquerten sprudelnde Bäche. Unterwegs erzählte Finn Geschichten über den Wald und seine Bewohner, Geschichten voller Weisheit und Mut.

„Weißt du, Hugo," sagte Finn eines Abends, als sie unter dem funkelnden Nachthimmel saßen, „der wichtigste Teil einer Reise ist nicht das Ziel, sondern die Freundschaften, die man auf dem Weg findet."

Hugo fühlte sich warm und sicher in Finns Nähe. „Ich glaube, ich habe nie wirklich verstanden, was Vertrauen bedeutet, bis ich dich getroffen habe," sagte Hugo leise.

Finn lächelte und legte eine Pfote auf Hugos Schulter. „Vertrauen ist wie ein zarter Same, Hugo. Es wächst mit jeder guten Tat, jedem freundlichen Wort und jeder gemeinsam verbrachten Stunde."

Als die Tage vergingen, wuchs die Freundschaft zwischen Hugo und Finn. Sie entdeckten neue Orte und lernten voneinander. Finn zeigte Hugo, wie man Furcht in Mut verwandelt, und Hugo lehrte Finn, die einfachen Freuden des Lebens zu schätzen.

Eines Nachts erreichten sie endlich den besonderen Ort, von dem Finn gesprochen hatte. Es war eine weite Lichtung, hoch oben auf einem Hügel, von dem aus man den ganzen Sternenhimmel sehen konnte.

„Das ist es," flüsterte Finn. „Der Ort, an dem Träume geboren werden."

Hugo sah mit großen Augen zum Himmel. „Es ist wunderschön," sagte er.

Finn nickte. „Und es ist noch schöner, es mit einem Freund zu teilen."

In diesem Moment verstand Hugo, dass Vertrauen und Freundschaft die wahren Schätze des Lebens sind. Und so, unter dem funkelnden Sternenhimmel, versprachen sich der kleine Hase und der weise Fuchs, immer füreinander da zu sein.

The Little Hare and the Wise Fox

In a deep, enchanted forest lived a little hare named Hugo. Hugo was curious and adventurous, but also very cautious. One day, as he was hopping through the clearings, he heard a rustling behind a large, old tree.

"Who's there?" asked Hugo with a trembling voice.

From the shadows emerged a tall, wise fox. His eyes sparkled kindly, and his voice was warm and soothing. "Don't be afraid, little hare. My name is Finn. I have often seen you and admired how you explore the world."

Hugo was surprised. "But foxes and hares aren't friends, are they?"

Finn smiled gently. "The world is full of stories about friendships that seem unlikely. Maybe we can write our own story."

Hugo was unsure, but something in Finn's eyes made him trust. "Where do you want to go?" asked Hugo.

"Come with me on a journey," said Finn. "I want to show you a special place where the stars seem so close that you can almost touch them."

Curious and excited, Hugo followed the fox through the forest. They traversed dark valleys and crossed bubbling streams. Along the way, Finn told stories about the forest and its inhabitants, stories full of wisdom and courage.

"You know, Hugo," Finn said one evening as they sat under the sparkling night sky, "the most important part of a journey is not the destination, but the friendships you find along the way."

Hugo felt warm and safe in Finn's presence. "I think I never really understood what trust means until I met you," said Hugo softly.

Finn smiled and placed a paw on Hugo's shoulder. "Trust is like a delicate seed, Hugo. It grows with every good deed, every kind word, and every hour spent together."

As the days passed, the friendship between Hugo and Finn grew. They discovered new places and learned from each other. Finn showed Hugo how to turn fear into courage, and Hugo taught Finn to appreciate the simple joys of life.

One night, they finally reached the special place Finn had spoken of. It was a wide clearing, high up on a hill, from where one could see the entire starry sky.

"This is it," whispered Finn. "The place where dreams are born."

Hugo looked up at the sky with wide eyes. "It's beautiful," he said.

Finn nodded. "And it's even more beautiful to share it with a friend."

At that moment, Hugo understood that trust and friendship are the true treasures of life. And so, under the sparkling starry sky, the little hare and the wise fox promised to always be there for each other.

Die Reise des Kleinen Vogels und des Großen Baumes

In einem malerischen Tal, umgeben von hohen Bergen und dichten Wäldern, stand ein großer, alter Baum. Er war der älteste Baum im ganzen Wald und wurde von allen Tieren respektiert. Man nannte ihn den Großen Baum. Eines Tages flog ein kleiner Vogel, namens Pippa, zum Großen Baum und setzte sich auf einen seiner weit ausladenden Äste.

„Hallo, Großer Baum", zwitscherte Pippa. „Ich habe so viele Geschichten über dich gehört. Du sollst der weiseste Baum im ganzen Wald sein."

Der Große Baum raschelte sanft mit seinen Blättern und antwortete in einer tiefen, beruhigenden Stimme: „Willkommen, kleiner Vogel. Was führt dich zu mir?"

Pippa flatterte aufgeregt mit ihren Flügeln. „Ich möchte die Welt außerhalb dieses Waldes erkunden. Aber ich habe Angst. Was, wenn ich mich verirre oder Gefahren begegne?"

Der Große Baum nickte verständnisvoll. „Mut ist nicht die Abwesenheit von Angst, kleiner Vogel, sondern die Entscheidung, trotz der Angst weiterzufliegen. Komm, setz dich und hör mir zu. Ich werde dir eine Geschichte erzählen."

Pippa machte es sich auf dem Ast bequem und lauschte gespannt.

„Vor vielen Jahren", begann der Große Baum, „gab es ein kleines Eichhörnchen namens Fips. Fips war neugierig und wollte die Welt jenseits des Waldes erkunden. Eines Tages machte er sich auf den Weg, mit nichts als seinem Mut und einem kleinen Rucksack voller Nüsse."

„Fips kletterte über hohe Berge und sprang über tiefe Schluchten. Manchmal fühlte er sich allein und hatte Angst, aber er traf immer wieder auf freundliche Tiere, die ihm halfen und ihn ermutigten. Ein weiser Uhu zeigte ihm den Weg durch einen dichten Wald, und ein freundlicher Frosch half ihm, einen breiten Fluss zu überqueren."

„Am Ende seiner Reise erreichte Fips einen wunderbaren Ort, einen blühenden Garten, wie er ihn sich nie hätte vorstellen können. Dort fand er neue Freunde und erlebte großartige Abenteuer. Und als er schließlich in den Wald zurückkehrte, war er nicht mehr das gleiche kleine Eichhörnchen. Er war mutiger und weiser geworden."

Pippa sah den Großen Baum mit großen Augen an. „Aber was, wenn ich solche Freunde nicht finde? Was, wenn ich alleine bin?"

Der Große Baum lächelte sanft. „Die Welt ist voller Überraschungen, kleiner Vogel. Manchmal finden wir Freunde an den unerwartetsten Orten. Und manchmal müssen wir nur auf unser Herz hören und weiterfliegen, auch wenn wir unsicher sind."

Pippa dachte über die Worte des Großen Baums nach. „Vielleicht hast du recht. Ich werde es versuchen."

Und so verabschiedete sich Pippa vom Großen Baum und machte sich auf den Weg. Sie flog über die hohen Berge und durch die dichten Wälder. Unterwegs traf sie auf viele verschiedene Tiere. Ein weiser alter Bär zeigte ihr, wie man Beeren sammelt, und ein freundliches Reh half ihr, einen sicheren Schlafplatz zu finden.

Eines Tages, als Pippa über eine weite Wiese flog, bemerkte sie eine kleine, verlorene Maus, die ängstlich um sich blickte. Pippa flog hinunter und setzte sich neben die Maus.

„Hallo, ich bin Pippa. Warum siehst du so traurig aus?"

Die kleine Maus schaute auf und antwortete mit zitternder Stimme: „Ich habe mich verlaufen und finde den Weg nach Hause nicht."

Pippa lächelte freundlich. „Keine Sorge. Ich werde dir helfen. Zusammen finden wir den Weg."

Und so flog Pippa mit der kleinen Maus durch den Wald, überquerten gemeinsam Flüsse und suchten nach Hinweisen, die ihnen den Weg zeigen könnten. Pippa erzählte der Maus Geschichten über ihre eigenen Abenteuer und die weisen Worte des Großen Baums.

„Du bist sehr mutig", sagte die kleine Maus bewundernd.

„Mut bedeutet nicht, keine Angst zu haben", antwortete Pippa, „sondern trotz der Angst weiterzumachen. Und mit Freunden an deiner Seite ist es viel einfacher."

Nach einer langen Reise erreichten sie schließlich das Zuhause der kleinen Maus. Ihre Familie wartete bereits besorgt, und sie waren überglücklich, ihre verlorene Maus wiederzusehen.

„Danke, Pippa", sagte die kleine Maus. „Du hast mir geholfen, als ich es am meisten brauchte."

Pippa lächelte glücklich. „Es war mir eine Freude. Jeder von uns braucht manchmal Hilfe."

Mit einem warmen Herzen machte sich Pippa wieder auf den Weg, bereit, neue Abenteuer zu erleben und neue Freunde zu finden. Und als sie eines Abends auf einem hohen Baum saß und den Sternenhimmel betrachtete, dachte sie an die Worte des Großen Baums.

„Mut ist nicht die Abwesenheit von Angst, sondern die Entscheidung, trotz der Angst weiterzufliegen", flüsterte sie. Und sie wusste, dass sie auf dem richtigen Weg war.

So setzte Pippa ihre Reise fort, mit einem Herzen voller Mut und einem Geist voller Freundschaft. Der Große Baum hatte ihr eine wichtige Lektion beigebracht, die sie für immer begleiten würde.

The Journey of the Little Bird and the Great Tree

In a picturesque valley, surrounded by high mountains and dense forests, stood a great, old tree. He was the oldest tree in the entire forest and was respected by all the animals. They called him the Great Tree. One day, a little bird named Pippa flew to the Great Tree and perched on one of his wide branches.

"Hello, Great Tree," chirped Pippa. "I've heard so many stories about you. They say you are the wisest tree in the whole forest."

The Great Tree gently rustled his leaves and replied in a deep, soothing voice, "Welcome, little bird. What brings you to me?"

Pippa fluttered excitedly with her wings. "I want to explore the world beyond this forest. But I'm scared. What if I get lost or encounter dangers?"

The Great Tree nodded understandingly. "Courage is not the absence of fear, little bird, but the decision to keep flying despite the fear. Come, sit down and listen to me. I will tell you a story."

Pippa made herself comfortable on the branch and listened intently.

"Many years ago," began the Great Tree, "there was a little squirrel named Fips. Fips was curious and wanted to explore the world beyond the forest. One day, he set out with nothing but his courage and a small backpack full of nuts."

"Fips climbed over high mountains and jumped over deep ravines. Sometimes he felt alone and scared, but he kept meeting friendly animals who helped and encouraged him. A wise old owl showed him the way through a dense forest, and a friendly frog helped him cross a wide river."

"At the end of his journey, Fips reached a wonderful place, a blooming garden like he could never have imagined. There, he found new friends and experienced great adventures. And when he finally returned to the forest, he was no longer the same little squirrel. He had become braver and wiser."

Pippa looked at the Great Tree with wide eyes. "But what if I don't find such friends? What if I'm alone?"

The Great Tree smiled gently. "The world is full of surprises, little bird. Sometimes we find friends in the most unexpected places. And sometimes we just have to listen to our hearts and keep flying, even when we are uncertain."

Pippa thought about the Great Tree's words. "Maybe you're right. I will try."

And so Pippa said goodbye to the Great Tree and set off. She flew over the high mountains and through the dense forests. Along the way, she met many different animals. A wise old bear showed her how to gather berries, and a friendly deer helped her find a safe place to sleep.

One day, as Pippa flew over a wide meadow, she noticed a little lost mouse looking around anxiously. Pippa flew down and sat next to the mouse.

"Hello, I'm Pippa. Why do you look so sad?"

The little mouse looked up and replied in a trembling voice, "I got lost and can't find my way home."

Pippa smiled kindly. "Don't worry. I'll help you. Together we'll find the way."

And so Pippa flew with the little mouse through the forest, crossing rivers together and searching for clues that could show them the way. Pippa told the mouse stories about her own adventures and the wise words of the Great Tree.

"You are very brave," said the little mouse admiringly.

"Courage does not mean having no fear," replied Pippa, "but continuing despite the fear. And with friends by your side, it's much easier."

After a long journey, they finally reached the little mouse's home. Her family was already waiting anxiously, and they were overjoyed to see their lost mouse again.

"Thank you, Pippa," said the little mouse. "You helped me when I needed it most."

Pippa smiled happily. "It was my pleasure. Each of us needs help sometimes."

With a warm heart, Pippa continued on her way, ready to experience new adventures and make new friends. And as she sat on a high tree one evening, looking at the starry sky, she thought of the Great Tree's words.

"Courage is not the absence of fear, but the decision to keep flying despite the fear," she whispered. And she knew she was on the right path.

So Pippa continued her journey, with a heart full of courage and a spirit full of friendship. The Great Tree had taught her an important lesson that would accompany her forever.

Eine Geschichte über das Glück

In einem malerischen kleinen Dorf, das von grünen Hügeln und sprudelnden Bächen umgeben war, lebte ein kleiner Junge namens Jonas. Jonas war ein freundlicher und neugieriger Junge, aber in letzter Zeit fühlte er sich oft traurig und wusste nicht warum. Eines Tages, als er am Rand des Dorfes saß und in die Ferne blickte, kam ein älterer Mann namens Herr Friedrich, der als weiser und weitsichtiger Mann bekannt war, auf ihn zu.

„Hallo, Jonas", sagte Herr Friedrich mit einem warmen Lächeln. „Warum siehst du so traurig aus?"

Jonas seufzte. „Ich weiß es nicht, Herr Friedrich. Ich habe das Gefühl, dass mir etwas fehlt, aber ich weiß nicht was."

Herr Friedrich setzte sich neben ihn. „Manchmal suchen wir das Glück an den falschen Orten. Vielleicht brauchst du eine kleine Reise, um herauszufinden, was dir wirklich Freude bereitet."

Jonas sah Herrn Friedrich neugierig an. „Eine Reise? Wohin soll ich gehen?"

Herr Friedrich lächelte geheimnisvoll. „Es gibt einen besonderen Ort, von dem ich dir erzählen möchte. Man nennt ihn das Land des Lächelns. Es heißt, dass jeder, der diesen Ort findet, das wahre Glück entdeckt."

„Aber wie finde ich diesen Ort?" fragte Jonas gespannt.

„Folge einfach deinem Herzen", antwortete Herr Friedrich. „Es wird dich führen."

Am nächsten Morgen machte sich Jonas auf den Weg. Er packte ein paar Sachen in seinen Rucksack und verabschiedete sich von seinen Eltern. Mit Hoffnung im Herzen und einem Funken Abenteuerlust begann er seine Reise.

Jonas wanderte durch dichte Wälder und über weite Wiesen. Unterwegs traf er viele verschiedene Tiere und Menschen, die ihm Geschichten erzählten und ihm halfen. Eines Tages traf er auf einen alten Hund, der einsam unter einem Baum saß.

„Hallo, alter Freund", sagte Jonas freundlich. „Warum bist du so allein?"

Der Hund hob den Kopf und blickte Jonas mit traurigen Augen an. „Ich habe meine Familie verloren und weiß nicht, wo ich hin soll."

Jonas setzte sich neben den Hund und streichelte ihn sanft. „Ich bin auf der Suche nach dem Land des Lächelns. Vielleicht möchtest du mit mir kommen? Gemeinsam finden wir bestimmt den Weg."

Der Hund, dessen Name Max war, wedelte leicht mit dem Schwanz und stand auf. Zusammen setzten sie ihre Reise fort. Sie durchquerten Felder und Wälder, teilten ihr Essen und erzählten sich Geschichten. Jonas bemerkte, dass er sich mit Max an seiner Seite weniger allein fühlte und dass das Lächeln des alten Hundes ihn oft zum Lachen brachte.

Eines Abends, als sie an einem ruhigen Fluss lagerten, sahen sie ein kleines Kätzchen, das verzweifelt versuchte, ans andere Ufer zu gelangen. Es miaute kläglich und schien große Angst zu haben.

„Wir müssen ihm helfen", sagte Jonas entschlossen und watete ins Wasser, um das Kätzchen zu retten. Max bellte ermutigend und hielt Wache.

Als das Kätzchen sicher ans Ufer gebracht wurde, schnurrte es dankbar und schmiegte sich an Jonas. „Danke", miaute es. „Ich heiße Mia. Ihr habt mir das Leben gerettet."

Jonas lächelte. „Es freut mich, dass wir helfen konnten. Willst du uns auf unserer Reise zum Land des Lächelns begleiten?"

Mia nickte eifrig und so setzte die kleine Gruppe ihre Reise fort. Sie entdeckten wunderschöne Landschaften, begegneten vielen freundlichen Wesen und lernten viel über das Leben und das Glück. Jonas spürte, wie seine Traurigkeit langsam verschwand und einem tiefen Gefühl der Zufriedenheit Platz machte.

Eines Morgens erreichten sie einen herrlichen Garten, der in allen Farben des Regenbogens blühte. In der Mitte des Gartens stand ein großer Baum mit goldenen Blättern, und rund um den Baum herum sahen sie Kinder und Tiere, die spielten und lachten.

„Das muss das Land des Lächelns sein", sagte Jonas staunend.

Ein freundlicher alter Mann, der dem Baum nahe saß, winkte ihnen zu. „Willkommen, Reisende. Ihr habt den Ort des wahren Glücks gefunden."

Jonas, Max und Mia traten näher. „Ist dies wirklich das Land des Lächelns?" fragte Jonas.

Der alte Mann nickte. „Ja, das ist es. Aber das wahre Glück habt ihr schon auf eurer Reise gefunden. Ihr habt einander geholfen, Freundschaft geschlossen und Freude geteilt. Das ist das wahre Geheimnis des Glücks."

Jonas lächelte und verstand. „Das Glück liegt in den kleinen Dingen und in den Momenten, die wir mit anderen teilen."

Der alte Mann lächelte weise. „Genau, mein Junge. Und dieser Garten wird immer hier sein, um euch daran zu erinnern."

Jonas, Max und Mia verbrachten einige glückliche Tage im Land des Lächelns, spielten, lachten und genossen die Schönheit um sich herum. Doch schließlich wussten sie, dass es Zeit war, nach Hause zurückzukehren.

Als sie ins Dorf zurückkehrten, wurden sie von ihren Familien und Freunden mit offenen Armen empfangen. Jonas erzählte allen von ihrer Reise und den wichtigen Lektionen, die sie gelernt hatten.

„Das wahre Glück", sagte er, „liegt in den Freundschaften, die wir schließen, und den Momenten, die wir teilen. Und jeder von uns kann das Land des Lächelns finden, wenn wir nur unser Herz öffnen."

Von diesem Tag an wusste Jonas, dass er immer das Glück in sich tragen würde, egal wo er war. Und jedes Mal, wenn er jemanden sah, der traurig oder verloren wirkte, erinnerte er sich an seine Reise und half ihnen, ihren eigenen Weg zum Lächeln zu finden.

So lebte Jonas weiter, mit einem Herzen voller Freude und einer Seele voller Frieden. Und jedes Mal, wenn er an den großen Baum im Land des Lächelns dachte, wusste er, dass das wahre Glück in den einfachsten Dingen zu finden war.

A Story About Happiness

In a picturesque little village surrounded by green hills and bubbling streams, there lived a little boy named Jonas. Jonas was a kind and curious boy, but lately, he often felt sad and didn't know why. One day, as he sat on the edge of the village looking into the distance, an older man named Mr. Friedrich, known for his wisdom and insight, approached him.

"Hello, Jonas," said Mr. Friedrich with a warm smile. "Why do you look so sad?"

Jonas sighed. "I don't know, Mr. Friedrich. I feel like something is missing, but I don't know what it is."

Mr. Friedrich sat down beside him. "Sometimes we look for happiness in the wrong places. Maybe you need a little journey to find out what truly brings you joy."

Jonas looked at Mr. Friedrich curiously. "A journey? Where should I go?"

Mr. Friedrich smiled mysteriously. "There is a special place I want to tell you about. It's called the Land of Smiles. It is said that anyone who finds this place discovers true happiness."

"But how do I find this place?" asked Jonas eagerly.

"Just follow your heart," replied Mr. Friedrich. "It will guide you."

The next morning, Jonas set out. He packed a few things into his backpack and said goodbye to his parents. With hope in his heart and a spark of adventure, he began his journey.

Jonas wandered through dense forests and across wide meadows. Along the way, he met many different animals and people who told him stories and helped him. One day, he came across an old dog sitting alone under a tree.

"Hello, old friend," said Jonas kindly. "Why are you so alone?"

The dog lifted his head and looked at Jonas with sad eyes. "I lost my family and don't know where to go."

Jonas sat down next to the dog and gently petted him. "I'm looking for the Land of Smiles. Maybe you'd like to come with me? Together, we'll surely find the way."

The dog, whose name was Max, wagged his tail slightly and stood up. Together, they continued their journey. They crossed fields and forests, shared their food, and told each other stories. Jonas noticed that he felt less alone with Max by his side and that the old dog's smile often made him laugh.

One evening, as they camped by a quiet river, they saw a little kitten desperately trying to get to the other shore. It meowed plaintively and seemed very scared.

"We have to help it," said Jonas determinedly, wading into the water to rescue the kitten. Max barked encouragingly and kept watch.

When the kitten was safely brought to shore, it purred gratefully and snuggled up to Jonas. "Thank you," it meowed. "My name is Mia. You saved my life."

Jonas smiled. "I'm glad we could help. Would you like to join us on our journey to the Land of Smiles?"

Mia nodded eagerly, and so the little group continued their journey. They discovered beautiful landscapes, met many friendly creatures, and learned much about life and happiness. Jonas felt his sadness slowly fade, replaced by a deep sense of contentment.

One morning, they reached a magnificent garden blooming in all the colors of the rainbow. In the middle of the garden stood a great tree with golden leaves, and around the tree, they saw children and animals playing and laughing.

"That must be the Land of Smiles," said Jonas in awe.

A kind old man sitting near the tree waved to them. "Welcome, travelers. You have found the place of true happiness."

Jonas, Max, and Mia stepped closer. "Is this really the Land of Smiles?" asked Jonas.

The old man nodded. "Yes, it is. But you have already found true happiness on your journey. You have helped each other, made friends, and shared joy. That is the true secret of happiness."

Jonas smiled and understood. "Happiness lies in the little things and the moments we share with others."

The old man smiled wisely. "Exactly, my boy. And this garden will always be here to remind you."

Jonas, Max, and Mia spent a few happy days in the Land of Smiles, playing, laughing, and enjoying the beauty around them. But eventually, they knew it was time to return home.

When they returned to the village, they were greeted with open arms by their families and friends. Jonas told everyone about their journey and the important lessons they had learned.

"True happiness," he said, "lies in the friendships we make and the moments we share. And each of us can find the Land of Smiles if we just open our hearts."

From that day on, Jonas knew that he would always carry happiness within him, no matter where he was. And every time he saw someone who looked sad or lost, he remembered his journey and helped them find their own way to a smile.

So Jonas lived on, with a heart full of joy and a soul full of peace. And every time he thought of the great tree in the Land of Smiles, he knew that true happiness was found in the simplest things.

Die Abenteuer der kleinen Biene

In einem blühenden Garten, der von bunten Blumen und summenden Insekten bevölkert war, lebte eine kleine Biene namens Bella. Bella war anders als die anderen Bienen im Bienenstock. Während ihre Schwestern und Brüder fleißig Nektar sammelten und Honig produzierten, träumte Bella von Abenteuern und wollte die Welt außerhalb des Gartens entdecken.

Eines Tages, als Bella am Rand des Gartens saß und in die Ferne blickte, flog eine alte, weise Libelle namens Luna vorbei. Luna setzte sich neben Bella und fragte: „Warum schaust du so traurig aus, kleine Biene?"

Bella seufzte. „Ich möchte die Welt außerhalb des Gartens erkunden, aber alle sagen, es sei zu gefährlich. Was, wenn ich mich verirre oder in Schwierigkeiten gerate?"

Luna lächelte verständnisvoll. „Manchmal erfordert es Mut, seine Träume zu verfolgen. Vielleicht findest du auf deiner Reise Freunde, die dir helfen und dich ermutigen. Willst du es nicht versuchen?"

Bella dachte über Lunas Worte nach und beschloss, es zu wagen. Am nächsten Morgen verabschiedete sie sich von ihrer Familie und machte sich auf den Weg. Mit einem Herz voller Neugier und einem Hauch von Abenteuerlust flog sie hinaus in die weite Welt.

Bella flog über Wiesen und durch Wälder, bestaunte die Schönheit der Natur und begegnete vielen verschiedenen Tieren. Eines Tages traf sie auf eine kleine Maus, die ängstlich in einem Gebüsch kauerte.

„Hallo, kleine Maus", sagte Bella freundlich. „Warum versteckst du dich?"

Die Maus blickte auf und antwortete zitternd: „Ich habe mich verlaufen und finde den Weg nach Hause nicht. Ich habe Angst vor den Raubtieren."

Bella setzte sich neben die Maus und summte beruhigend. „Keine Sorge. Ich bin auf der Suche nach Abenteuern und vielleicht kann ich dir helfen, deinen Weg nach Hause zu finden. Gemeinsam sind wir stärker."

Die Maus, die sich als Miko vorstellte, nickte dankbar und folgte Bella. Zusammen durchstreiften sie den Wald, teilten ihre Geschichten und unterstützten einander. Bella erzählte Miko von ihrer Heimat im Garten und von ihrer Familie, die fleißig Nektar sammelte.

Eines Abends, als sie an einem kleinen Teich rasteten, sahen sie eine kleine Ente, die verzweifelt nach ihrer Familie quakte. Bella flog hinüber und fragte: „Was ist los, kleine Ente?"

Die Ente antwortete traurig: „Ich habe meine Familie verloren und weiß nicht, wo sie sind."

Bella lächelte ermutigend. „Wir helfen dir, deine Familie zu finden. Gemeinsam schaffen wir das."

Und so setzte die kleine Gruppe ihre Reise fort. Sie durchquerten Flüsse, überquerten Felder und lernten viele neue Freunde kennen. Bella bemerkte, dass sie durch ihre neuen Freunde immer mutiger und selbstbewusster wurde.

Eines Morgens erreichten sie einen wunderschönen Ort, eine Lichtung im Wald, die in allen Farben des Regenbogens blühte. In der Mitte der Lichtung stand ein alter Baum, der in goldenen Blättern glänzte. Rund um den Baum herum spielten und lachten viele Tiere.

„Das muss ein magischer Ort sein", sagte Bella ehrfürchtig.

Ein weiser, alter Fuchs trat aus dem Schatten des Baumes und begrüßte die Neuankömmlinge. „Willkommen, Reisende. Ihr habt einen besonderen Ort gefunden. Hier wird jeder, der den Mut hat, sich auf die Reise zu begeben, belohnt."

Bella, Miko und die kleine Ente traten näher. „Wir sind auf der Suche nach Freundschaft und Abenteuer", sagte Bella. „Ist dies der richtige Ort dafür?"

Der Fuchs nickte weise. „Ja, das ist es. Ihr habt auf eurer Reise Mut bewiesen und neue Freunde gefunden. Das ist die wahre Belohnung."

Bella lächelte und verstand. „Mut bedeutet nicht, keine Angst zu haben, sondern trotz der Angst weiterzumachen."

Der Fuchs lächelte zurück. „Genau, kleine Biene. Und dieser Ort wird euch immer daran erinnern."

Die kleine Gruppe verbrachte glückliche Tage auf der Lichtung, spielte und lachte mit den anderen Tieren und genoss die Schönheit um sich herum. Doch schließlich wussten sie, dass es Zeit war, nach Hause zurückzukehren.

Als sie in Bellas Garten zurückkehrten, wurden sie von den anderen Bienen und Tieren freudig empfangen. Bella erzählte allen von ihren Abenteuern und den wichtigen Lektionen, die sie gelernt hatten.

„Das wahre Abenteuer", sagte sie, „liegt darin, Freundschaft und Mut zu entdecken. Und jeder von uns kann es finden, wenn wir nur unser Herz öffnen."

Von diesem Tag an wusste Bella, dass sie immer neue Abenteuer erleben würde, egal wo sie war. Und jedes Mal, wenn sie jemanden sah, der traurig oder verloren wirkte, erinnerte sie sich an ihre Reise und half ihnen, ihren eigenen Weg zu finden.

So lebte Bella weiter, mit einem Herzen voller Freude und einer Seele voller Mut. Und jedes Mal, wenn sie an die Lichtung im Wald dachte, wusste sie, dass wahre Freundschaft und Mut die größten Abenteuer sind.

The Adventures of the Little Bee

In a blooming garden, filled with colorful flowers and buzzing insects, lived a little bee named Bella. Bella was different from the other bees in the hive. While her sisters and brothers busily collected nectar and made honey, Bella dreamed of adventures and wanted to explore the world outside the garden.

One day, as Bella sat on the edge of the garden looking into the distance, an old, wise dragonfly named Luna flew by. Luna settled beside Bella and asked, "Why do you look so sad, little bee?"

Bella sighed. "I want to explore the world beyond the garden, but everyone says it's too dangerous. What if I get lost or get into trouble?"

Luna smiled understandingly. "Sometimes it takes courage to follow your dreams. Maybe on your journey, you'll find friends who will help and encourage you. Wouldn't you like to try?"

Bella thought about Luna's words and decided to give it a try. The next morning, she said goodbye to her family and set off. With a heart full of curiosity and a hint of adventure, she flew out into the wide world.

Bella flew over meadows and through forests, marveling at the beauty of nature and meeting many different animals. One day, she came across a little mouse cowering fearfully in a bush.

"Hello, little mouse," said Bella kindly. "Why are you hiding?"

The mouse looked up and answered tremblingly, "I got lost and can't find my way home. I'm scared of the predators."

Bella settled beside the mouse and buzzed soothingly. "Don't worry. I'm searching for adventures, and maybe I can help you find your way home. Together we are stronger."

The mouse, who introduced himself as Miko, nodded gratefully and followed Bella. Together they roamed the forest, shared their stories, and supported each other. Bella told Miko about her home in the garden and her family, who busily collected nectar.

One evening, as they rested by a small pond, they saw a little duck desperately calling for its family. Bella flew over and asked, "What's wrong, little duck?"

The duck answered sadly, "I lost my family and don't know where they are."

Bella smiled encouragingly. "We'll help you find your family. Together we can do it."

And so the little group continued their journey. They crossed rivers, traversed fields, and made many new friends. Bella noticed that with her new friends by her side, she became braver and more confident.

One morning, they reached a beautiful place, a clearing in the forest blooming in all the colors of the rainbow. In the middle of the clearing stood an old tree that shone with golden leaves. Around the tree, many animals played and laughed.

"This must be a magical place," said Bella reverently.

A wise old fox emerged from the tree's shadow and greeted the newcomers. "Welcome, travelers. You have found a special place. Here, everyone who has the courage to embark on a journey is rewarded."

Bella, Miko, and the little duck stepped closer. "We are looking for friendship and adventure," said Bella. "Is this the right place for that?"

The fox nodded wisely. "Yes, it is. You have shown courage on your journey and made new friends. That is the true reward."

Bella smiled and understood. "Courage does not mean having no fear but continuing despite the fear."

The fox smiled back. "Exactly, little bee. And this place will always remind you of that."

The little group spent happy days in the clearing, playing and laughing with the other animals and enjoying the beauty around them. But eventually, they knew it was time to return home.

When they returned to Bella's garden, they were joyfully welcomed by the other bees and animals. Bella told everyone about their adventures and the important lessons they had learned.

"The true adventure," she said, "is discovering friendship and courage. And each of us can find it if we just open our hearts."

From that day on, Bella knew she would always experience new adventures, no matter where she was. And every time she saw someone who seemed sad or lost, she remembered her journey and helped them find their own way.

So Bella lived on, with a heart full of joy and a soul full of courage. And every time she thought of the clearing in the forest, she knew that true friendship and courage were the greatest adventures.

Der kleine Eisbär und das verlorene Licht

In der weiten, weißen Landschaft der Arktis lebte ein kleiner Eisbär namens Lars. Lars war neugierig und abenteuerlustig, aber auch oft einsam. Er träumte davon, die Welt jenseits des ewigen Eises zu erkunden und neue Freunde zu finden.

Eines Tages, während er am Rand eines Eisberges saß und die Nordlichter bewunderte, erschien eine weise alte Schneeeule namens Eira. Eira setzte sich neben Lars und fragte: „Warum schaust du so traurig aus, kleiner Eisbär?"

Lars seufzte tief. „Ich möchte die Welt jenseits des Eises erkunden, aber ich habe Angst, mich zu verirren oder in Gefahr zu geraten. Und manchmal fühle ich mich so allein."

Eira lächelte sanft und sagte: „Manchmal erfordert es Mut, seine Ängste zu überwinden. Vielleicht findest du auf deiner Reise Freunde, die dir helfen und dich ermutigen. Willst du es nicht versuchen?"

Lars dachte über Eiras Worte nach und beschloss, es zu wagen. Am nächsten Morgen verabschiedete er sich von seiner Familie und machte sich auf den Weg. Mit einem Herz voller Neugier und einem Hauch von Angst begann er seine Reise hinaus in die weite Welt.

Lars wanderte über schneebedeckte Ebenen und durch gefrorene Wälder, bestaunte die Schönheit der Natur und begegnete vielen verschiedenen Tieren. Eines Tages traf er auf einen kleinen Schneehase, der in einem Schneehaufen feststeckte.

„Hallo, kleiner Hase", sagte Lars freundlich. „Warum steckst du da fest?"

Der Hase blickte auf und antwortete leise: „Ich habe versucht, mich zu verstecken, aber jetzt komme ich nicht mehr heraus. Ich habe Angst vor den großen Raubtieren."

Lars setzte sich neben den Hasen und sagte beruhigend: „Keine Sorge. Ich bin auf der Suche nach Abenteuern und vielleicht kann ich dir helfen, dich sicher zu fühlen. Gemeinsam sind wir stärker."

Der Hase, der sich als Hanno vorstellte, nickte dankbar und folgte Lars. Zusammen durchstreiften sie die weiße Wildnis, teilten ihre Geschichten und unterstützten einander. Lars erzählte Hanno von seiner Familie und seiner Angst vor dem Unbekannten.

Eines Abends, als sie an einem ruhigen See rasteten, hörten sie ein leises Schluchzen. Sie folgten dem Geräusch und fanden ein kleines Rentier, das verzweifelt am Ufer stand.

„Hallo, kleines Rentier", fragte Lars sanft. „Warum weinst du?"

Das Rentier antwortete traurig: „Ich habe meine Herde verloren und weiß nicht, wo sie sind."

Lars lächelte ermutigend. „Wir helfen dir, deine Herde zu finden. Gemeinsam schaffen wir das."

Und so setzte die kleine Gruppe ihre Reise fort. Sie durchquerten gefrorene Flüsse, überquerten schneebedeckte Berge und lernten viele neue Freunde kennen. Lars bemerkte, dass er durch seine neuen Freunde immer mutiger und selbstbewusster wurde.

Eines Morgens erreichten sie eine wunderschöne Eishöhle, die in allen Farben des Regenbogens leuchtete. In der Mitte der Höhle stand ein alter, majestätischer Eiskristall, der in goldenem Licht glänzte. Rund um den Kristall spielten und lachten viele Tiere.

„Das muss ein magischer Ort sein", sagte Lars ehrfürchtig.

Eine weise alte Robbe trat aus dem Schatten des Kristalls und begrüßte die Neuankömmlinge. „Willkommen, Reisende. Ihr habt einen besonderen Ort gefunden. Hier wird jeder, der den Mut hat, sich auf die Reise zu begeben, belohnt."

Lars, Hanno und das kleine Rentier traten näher. „Wir sind auf der Suche nach Freundschaft und Mut", sagte Lars. „Ist dies der richtige Ort dafür?"

Die Robbe nickte weise. „Ja, das ist es. Ihr habt auf eurer Reise Mut bewiesen und neue Freunde gefunden. Das ist die wahre Belohnung."

Lars lächelte und verstand. „Mut bedeutet nicht, keine Angst zu haben, sondern trotz der Angst weiterzumachen."

Die Robbe lächelte zurück. „Genau, kleiner Eisbär. Und dieser Ort wird euch immer daran erinnern."

Die kleine Gruppe verbrachte glückliche Tage in der Eishöhle, spielte und lachte mit den anderen Tieren und genoss die Schönheit um sich herum. Doch schließlich wussten sie, dass es Zeit war, nach Hause zurückzukehren.

Als sie in die weite weiße Landschaft zurückkehrten, wurden sie von den anderen Tieren freudig empfangen. Lars erzählte allen von ihren Abenteuern und den wichtigen Lektionen, die sie gelernt hatten.

„Das wahre Abenteuer", sagte er, „liegt darin, Freundschaft und Mut zu entdecken. Und jeder von uns kann es finden, wenn wir nur unser Herz öffnen."

Von diesem Tag an wusste Lars, dass er immer neue Abenteuer erleben würde, egal wo er war. Und jedes Mal, wenn er jemanden sah, der traurig oder verloren wirkte, erinnerte er sich an seine Reise und half ihnen, ihren eigenen Weg zu finden.

So lebte Lars weiter, mit einem Herzen voller Freude und einer Seele voller Mut. Und jedes Mal, wenn er an die leuchtende Eishöhle dachte, wusste er, dass wahre Freundschaft und Mut die größten Abenteuer sind.

The Little Polar Bear and the Lost Light

In the vast, white landscape of the Arctic lived a little polar bear named Lars. Lars was curious and adventurous, but he also often felt lonely. He dreamed of exploring the world beyond the eternal ice and finding new friends.

One day, while sitting on the edge of an iceberg admiring the Northern Lights, a wise old snowy owl named Eira appeared. Eira settled beside Lars and asked, "Why do you look so sad, little polar bear?"

Lars sighed deeply. "I want to explore the world beyond the ice, but I'm afraid of getting lost or running into danger. And sometimes I feel so alone."

Eira smiled gently and said, "Sometimes it takes courage to overcome your fears. Maybe on your journey, you'll find friends who will help and encourage you. Wouldn't you like to try?"

Lars thought about Eira's words and decided to give it a try. The next morning, he said goodbye to his family and set off. With a heart full of curiosity and a hint of fear, he began his journey out into the wide world.

Lars wandered over snow-covered plains and through frozen forests, marveling at the beauty of nature and meeting many different animals. One day, he came across a small snow hare stuck in a pile of snow.

"Hello, little hare," said Lars kindly. "Why are you stuck there?"

The hare looked up and answered softly, "I tried to hide, but now I can't get out. I'm afraid of the big predators."

Lars sat down next to the hare and said soothingly, "Don't worry. I'm looking for adventures, and maybe I can help you feel safe. Together we are stronger."

The hare, who introduced himself as Hanno, nodded gratefully and followed Lars. Together they roamed the white wilderness, sharing their stories and supporting each other. Lars told Hanno about his family and his fear of the unknown.

One evening, as they rested by a quiet lake, they heard soft sobbing. They followed the sound and found a little reindeer standing desperately by the shore.

"Hello, little reindeer," Lars asked gently. "Why are you crying?"

The reindeer answered sadly, "I lost my herd and don't know where they are."

Lars smiled encouragingly. "We'll help you find your herd. Together we can do it."

And so the little group continued their journey. They crossed frozen rivers, climbed snow-covered mountains, and made many new friends. Lars noticed that with his new friends by his side, he became braver and more confident.

One morning, they reached a beautiful ice cave glowing in all the colors of the rainbow. In the middle of the cave stood an old, majestic ice crystal shining with golden light. Around the crystal, many animals played and laughed.

"This must be a magical place," said Lars reverently.

A wise old seal emerged from the crystal's shadow and greeted the newcomers. "Welcome, travelers. You have found a special place. Here, everyone who has the courage to embark on a journey is rewarded."

Lars, Hanno, and the little reindeer stepped closer. "We are looking for friendship and courage," said Lars. "Is this the right place for that?"

The seal nodded wisely. "Yes, it is. You have shown courage on your journey and made new friends. That is the true reward."

Lars smiled and understood. "Courage does not mean having no fear but continuing despite the fear."

The seal smiled back. "Exactly, little polar bear. And this place will always remind you of that."

The little group spent happy days in the ice cave, playing and laughing with the other animals and enjoying the beauty around them. But eventually, they knew it was time to return home.

When they returned to the vast white landscape, they were joyfully welcomed by the other animals. Lars told everyone about their adventures and the important lessons they had learned.

"The true adventure," he said, "is discovering friendship and courage. And each of us can find it if we just open our hearts."

From that day on, Lars knew he would always experience new adventures, no matter where he was. And every time he saw someone who seemed sad or lost, he remembered his journey and helped them find their own way.

So Lars lived on, with a heart full of joy and a soul full of courage. And every time he thought of the glowing ice cave, he knew that true friendship and courage were the greatest adventures.

Der kleine Tautropfen und der große Traum

In einer weitläufigen Wiese, die von einer glitzernden Morgensonne erleuchtet wurde, lebte ein kleiner Tautropfen namens Timo. Timo war nur ein winziger Tropfen, der sich auf einem großen, grünen Blatt niederließ, um die Welt um sich herum zu beobachten. Jeden Morgen war er fasziniert von der Schönheit der Wiese, die sich unter der Sonne wie ein Meer aus Farben und Licht ausbreitete.

Eines Tages, während er sich gemütlich auf seinem Blatt ausruhte, sah Timo einen wunderschönen Schmetterling namens Bella, der fröhlich von Blüte zu Blüte flatterte. Bella schien in einem ständigen Zustand des Fluges und der Freude, und Timo fragte sich, wie es sich wohl anfühlen würde, so frei und leicht zu sein.

„Bella," rief Timo, „wie fühlt es sich an, in der Luft zu fliegen?"

Bella setzte sich auf eine nahegelegene Blume und lächelte. „Es ist wundervoll, Timo. Der Wind trägt mich hoch und ich kann die Welt von oben sehen. Aber es erfordert viel Übung und Ausdauer, um so gut fliegen zu können."

Timo seufzte. „Ich bin nur ein kleiner Tautropfen. Wie kann ich je so großartige Dinge erleben, wenn ich einfach hier auf diesem Blatt bleibe?"

Bella lächelte warmherzig. „Vielleicht kannst du deinen eigenen Weg finden, wenn du nur an dich glaubst und nicht aufgibst. Manchmal ist der erste Schritt zu einem großen Traum einfach, weiterzumachen, egal wie klein oder unscheinbar du dich fühlst."

Inspiriert von Bellas Worten beschloss Timo, seinen eigenen Traum zu verfolgen. Er wollte herausfinden, ob es für einen kleinen Tautropfen wie ihn möglich war, etwas Besonderes zu erreichen. Mit dieser neuen Entschlossenheit machte er sich auf, um die Welt um sich herum zu erkunden.

Der erste Tag seiner Reise war voller Abenteuer und Entdeckungen. Timo rollte über das Blatt und fiel sanft auf eine Wiese voller bunter Blumen. Der Duft der Blumen war überwältigend, und Timo war begeistert von den lebhaften Farben. Doch bald kam ein leichter Wind auf, und Timo begann sich Sorgen zu machen, dass er wieder zurück auf sein Blatt geweht werden könnte.

Mit jedem sanften Windstoß, der ihn von seinem ursprünglichen Blatt wegtrug, spürte Timo eine Mischung aus Aufregung und Angst. Er erinnerte sich an Bellas Worte und versuchte, ruhig zu bleiben. „Wenn ich meine Reise fortsetze und nicht aufgebe, werde ich vielleicht etwas finden, das meinen Traum wahr werden lässt", dachte er sich.

Nach einigen Tagen des Wanderns begegnete Timo einer alten, weisen Schildkröte namens Silas. Silas zog langsam über die Wiese und schien keine Eile zu haben.

„Hallo, Silas", sagte Timo freundlich. „Wie schaffst du es, so ruhig und geduldig zu sein, während du dich durch die Welt bewegst?"

Silas lächelte weise. „Geduld ist eine Tugend, kleiner Tautropfen. Manchmal dauert es lange, um die Ziele zu erreichen, die wir uns setzen. Aber wenn wir beharrlich sind und nicht aufgeben, werden wir irgendwann unser Ziel erreichen."

Timo dachte über Silas' Worte nach und entschied sich, noch mehr Geduld zu zeigen. Die Reise war lang und die Hindernisse schienen manchmal überwältigend, aber Timo hielt an seinem Traum fest.

Eines Tages kam Timo zu einem riesigen, alten Baum, dessen Äste sich weit über die Wiese erstreckten. Der Baum wirkte majestätisch und beeindruckend, und Timo war neugierig, was sich wohl in den Zweigen verbarg.

Er kletterte vorsichtig den Stamm des Baumes hinauf und begegnete einem freundlichen Eichhörnchen namens Ella, das auf den Ästen spielte und Nüsse sammelte.

„Hallo, Ella", rief Timo. „Wie schaffst du es, so fröhlich und beschäftigt zu sein, während du durch die Äste kletterst?"

Ella lächelte fröhlich. „Es macht mir einfach Spaß, hier oben zu sein und neue Dinge zu entdecken. Aber es war nicht immer so einfach. Es hat viel Zeit und Übung gebraucht, um so geschickt und flink zu werden."

Timo nickte. „Das klingt nach einer wertvollen Lektion. Ich werde weiterhin an meinem Traum festhalten und versuchen, geduldig zu sein."

Mit neuer Entschlossenheit setzte Timo seine Reise fort. Er begegnete vielen verschiedenen Tieren und erlebte viele kleine Abenteuer. Doch trotz seiner Bemühungen schien es manchmal, als ob er nie den großen Traum erreichen würde, den er sich gesetzt hatte.

Eines Tages, als der Winter nahte und der Boden unter Timo gefroren war, traf er auf einen alten, erfahrenen Schneemann namens Samuel. Samuel stand inmitten der verschneiten Landschaft und beobachtete die fliegenden Schneeflocken.

„Hallo, Samuel", sagte Timo. „Wie schaffst du es, so ruhig und gelassen zu bleiben, obwohl sich die Jahreszeiten ändern?"

Samuel lächelte weise. „Jede Jahreszeit bringt ihre eigenen Herausforderungen und Chancen. Auch wenn es manchmal kalt und stürmisch ist, bedeutet das nicht, dass wir aufgeben sollten. Manchmal müssen wir einfach durchhalten und hoffen, dass der Frühling wiederkommt."

Timo dachte über Samuels Worte nach. Auch wenn die Reise schwierig war und die Umstände sich veränderten, wusste er, dass es wichtig war, durchzuhalten und an seinem Traum festzuhalten.

Als der Frühling kam und die Welt um ihn herum wieder zum Leben erwachte, fand Timo sich an einem wunderschönen Ort wieder. Die Wiese war nun voller blühender Blumen und lebhafter Farben. Der alte Baum, den er einst erklommen hatte, war nun von neuem Leben erfüllt, und die Äste waren von frischen, grünen Blättern bedeckt.

Timo spürte eine tiefe Freude in seinem Herzen. Er hatte seinen Traum verfolgt, trotz aller Schwierigkeiten und Herausforderungen. Und als er auf sein ursprüngliches Blatt zurückblickte, bemerkte er, dass er nicht mehr der kleine Tautropfen war, der er einmal gewesen war. Er hatte sich verändert und war gewachsen, sowohl in seinem Herzen als auch in seinem Geist.

Die Tiere, die er auf seiner Reise getroffen hatte, kamen, um ihn zu feiern. Bella, die Schmetterling, Silas, die Schildkröte, Ella, das Eichhörnchen und Samuel, der Schneemann, alle waren gekommen, um Timo zu gratulieren. Sie waren stolz auf ihn und bewunderten seinen Mut und seine Ausdauer.

„Du hast deinen Traum verwirklicht, Timo", sagte Bella. „Es ist nicht immer einfach, aber du hast gezeigt, dass Ausdauer und Hoffnung uns zu großen Dingen führen können."

Timo lächelte glücklich. „Es war nicht immer leicht, aber ich habe gelernt, dass es wichtig ist, an seinen Träumen festzuhalten und nie aufzugeben. Jeder von uns kann Großes erreichen, wenn wir nur an uns glauben."

Von diesem Tag an lebte Timo mit einem Herzen voller Freude und einer Seele voller Hoffnung. Er wusste, dass er immer neue Herausforderungen und Abenteuer erleben würde, und er freute sich auf jede neue Reise. Und jedes Mal, wenn er an die schöne

Wiese und den alten Baum dachte, wusste er, dass wahre Ausdauer und Hoffnung die größten Schätze im Leben sind.

The Little Dewdrop and the Big Dream

In a vast meadow bathed in the light of the shimmering morning sun, lived a little dewdrop named Timo. Timo was just a tiny drop who settled on a large green leaf to observe the world around him. Every morning, he was fascinated by the beauty of the meadow that spread out below him like a sea of colors and light.

One day, while he was comfortably resting on his leaf, Timo saw a beautiful butterfly named Bella, fluttering happily from flower to flower. Bella seemed to be in a constant state of flight and joy, and Timo wondered what it would be like to be so free and light.

"Bella," called Timo, "what does it feel like to fly in the air?"

Bella landed on a nearby flower and smiled. "It's wonderful, Timo. The wind carries me high, and I can see the world from above. But it takes a lot of practice and perseverance to fly so well."

Timo sighed. "I'm just a little dewdrop. How could I ever experience such great things if I just stay here on this leaf?"

Bella smiled warmly. "Maybe you can find your own way if you just believe in yourself and don't give up. Sometimes the first step toward a big dream is to keep going, no matter how small or insignificant you might feel."

Inspired by Bella's words, Timo decided to follow his own dream. He wanted to find out if it was possible for a little dewdrop like him to achieve something special. With this new determination, he set out to explore the world around him.

The first day of his journey was full of adventure and discovery. Timo rolled off the leaf and fell gently onto a meadow full of colorful flowers. The scent of the flowers was overwhelming, and Timo was thrilled by the vibrant colors. But soon a light breeze came up, and Timo began to worry that he might be blown back to his leaf.

With every gentle gust of wind that carried him away from his original leaf, Timo felt a mix of excitement and fear. He remembered Bella's words and tried to stay calm. "If I keep going and don't give up, maybe I'll find something that makes my dream come true," he thought to himself.

After several days of wandering, Timo came across an old, wise turtle named Silas. Silas was slowly making his way across the meadow and seemed to have no hurry.

"Hello, Silas," said Timo kindly. "How do you manage to stay so calm and patient while moving through the world?"

Silas smiled wisely. "Patience is a virtue, little dewdrop. Sometimes it takes a long time to reach the goals we set for ourselves. But if we are persistent and don't give up, we will eventually achieve our goal."

Timo thought about Silas's words and decided to show even more patience. The journey was long and the obstacles seemed overwhelming at times, but Timo held on to his dream.

One day, Timo came to a huge, ancient tree with branches stretching far over the meadow. The tree looked majestic and impressive, and Timo was curious about what might be hidden in its branches.

He climbed carefully up the trunk of the tree and met a friendly squirrel named Ella, who was playing on the branches and collecting nuts.

"Hello, Ella," called Timo. "How do you manage to be so cheerful and busy while climbing through the branches?"

Ella smiled happily. "I just love being up here and discovering new things. But it wasn't always so easy. It took a lot of time and practice to become so skilled and agile."

Timo nodded. "That sounds like a valuable lesson. I will continue to hold on to my dream and try to be patient."

With renewed determination, Timo continued his journey. He met many different animals and experienced many small adventures. Yet despite his efforts, it sometimes seemed like he would never achieve the big dream he had set for himself.

One day, as winter approached and the ground beneath Timo was frozen, he encountered an old, experienced snowman named Samuel. Samuel stood in the snowy landscape and watched the falling snowflakes.

"Hello, Samuel," said Timo. "How do you manage to stay so calm and composed even as the seasons change?"

Samuel smiled wisely. "Each season brings its own challenges and opportunities. Even if it's cold and stormy at times, that doesn't mean we should give up. Sometimes we just have to endure and hope that spring will come again."

Timo thought about Samuel's words. Even though the journey was difficult and circumstances changed, he knew it was important to persevere and hold on to his dream.

As spring came and the world around him came back to life, Timo found himself in a beautiful place. The meadow was now full of blooming flowers and vibrant colors. The old tree he had once climbed was now alive with fresh green leaves.

Timo felt a deep joy in his heart. He had pursued his dream despite all the difficulties and challenges. And when he looked back at his original leaf, he realized he was no longer the little dewdrop he once was. He had changed and grown, both in his heart and in his spirit.

The animals he had met on his journey came to celebrate with him. Bella, the butterfly, Silas, the turtle, Ella, the squirrel, and Samuel, the snowman, all came to congratulate Timo. They were proud of him and admired his courage and perseverance.

"You have fulfilled your dream, Timo," said Bella. "It's not always easy, but you have shown that perseverance and hope can lead us to great things."

Timo smiled happily. "It wasn't always easy, but I learned that it's important to hold on to our dreams and never give up. Each of us can achieve great things if we just believe in ourselves."

From that day on, Timo lived with a heart full of joy and a soul full of hope. He knew he would always encounter new challenges and adventures, and he looked forward to each new journey. And every time he thought of the beautiful meadow and the old tree, he knew that true perseverance and hope were the greatest treasures in life.

Die kleine Eule

In einem tiefen, friedlichen Wald lebte eine kleine Eule namens Emilia. Emilia war neugierig und klug, und sie liebte es, durch den Wald zu fliegen und die anderen Tiere zu beobachten. Eines Tages, während sie durch die Bäume flatterte, sah sie etwas, das ihr Herz schwer machte: ein Streit zwischen zwei ihrer besten Freunde, dem Eichhörnchen Felix und dem Hasen Hannah.

Felix und Hannah waren normalerweise unzertrennlich, aber an diesem Tag waren sie wütend aufeinander. Emilia setzte sich auf einen Ast und beobachtete, wie die beiden stritten.

"Es war mein Apfel!" schrie Felix. "Du hast ihn gestohlen!"

"Nein, das habe ich nicht!" erwiderte Hannah. "Ich habe ihn nur gefunden, als er vom Baum gefallen ist."

Emilia sah, wie die Wut und der Schmerz in ihren Augen funkelten. Sie wusste, dass sie etwas tun musste, um zu helfen, aber sie war sich nicht sicher, wie.

Später an diesem Tag flog Emilia zu ihrer weisen Großmutter, Oma Eule. Oma Eule hatte immer gute Ratschläge und wusste viel über das Leben im Wald.

"Oma," sagte Emilia, "Felix und Hannah streiten sich. Sie sind so wütend aufeinander, und ich weiß nicht, wie ich ihnen helfen kann."

Oma Eule lächelte sanft. "Manchmal ist der Weg zur Versöhnung schwer, Emilia. Aber es beginnt immer mit Vergebung. Vergebung ist eine mächtige Kraft, die Herzen heilen kann."

"Wie kann ich ihnen helfen, zu vergeben?" fragte Emilia.

"Zuerst musst du verstehen, was Vergebung bedeutet," sagte Oma Eule. "Es bedeutet, loszulassen und nicht mehr an dem Schmerz festzuhalten, den jemand dir zugefügt hat. Es bedeutet, Frieden in deinem eigenen Herzen zu finden und die Möglichkeit einer neuen Freundschaft zu sehen."

Emilia dachte lange über die Worte ihrer Großmutter nach. Am nächsten Morgen beschloss sie, mit Felix und Hannah zu sprechen.

Zuerst fand sie Felix, der immer noch grimmig war und auf einem Ast saß. "Felix," begann Emilia vorsichtig, "können wir reden?"

Felix seufzte. "Was ist los, Emilia?"

"Ich weiß, dass du wütend bist," sagte Emilia. "Aber ich denke, es wäre gut, wenn du Hannah vergibst. Vergebung kann uns helfen, wieder glücklich zu sein."

Felix schaute Emilia an. "Warum sollte ich Hannah vergeben? Sie hat meinen Apfel gestohlen!"

"Vielleicht war es ein Missverständnis," sagte Emilia sanft. "Manchmal passieren Dinge, die wir nicht verstehen. Aber wenn wir vergeben, geben wir uns selbst die Chance, weiterzumachen."

Felix dachte nach und nickte schließlich. "Vielleicht hast du recht, Emilia. Ich werde darüber nachdenken."

Danach suchte Emilia Hannah auf, die traurig unter einem großen Baum saß. "Hannah," sagte Emilia leise, "darf ich mich zu dir setzen?"

Hannah nickte. "Was ist los, Emilia?"

"Ich weiß, dass du verletzt bist," sagte Emilia. "Aber ich denke, es wäre gut, wenn du Felix vergibst. Vergebung ist der Schlüssel zur Heilung."

Hannah seufzte. "Es tut mir leid, dass Felix denkt, ich hätte seinen Apfel gestohlen. Aber wie kann ich ihm vergeben, wenn er mich so sehr verletzt hat?"

"Vergebung bedeutet nicht, dass du vergisst, was passiert ist," erklärte Emilia. "Es bedeutet, dass du den Schmerz loslässt und die Möglichkeit einer neuen Freundschaft zulässt."

Hannah dachte nach und nickte schließlich. "Vielleicht hast du recht, Emilia. Ich werde darüber nachdenken."

Am nächsten Tag trafen sich Felix und Hannah zufällig an dem Ort, an dem der Streit begonnen hatte. Sie schauten sich an, und Emilia beobachtete sie von einem nahen Baum aus.

Felix machte den ersten Schritt. "Hannah," sagte er zögernd, "es tut mir leid, dass ich dich beschuldigt habe. Vielleicht habe ich überreagiert. Kannst du mir vergeben?"

Hannah lächelte leicht. "Ich kann dir vergeben, Felix. Es tut mir auch leid, dass ich den Apfel genommen habe, ohne zu fragen. Kannst du mir auch vergeben?"

Felix lächelte und nickte. "Ja, ich kann dir vergeben."

Emilia beobachtete glücklich, wie ihre beiden Freunde sich umarmten und wieder Freunde wurden. Sie wusste, dass Vergebung eine mächtige Kraft war, die Herzen heilen konnte.

Von diesem Tag an lebten Felix und Hannah in Frieden und lernten, dass Missverständnisse passieren können, aber Vergebung kann jede Freundschaft retten. Emilia war froh, dass sie ihnen helfen konnte, und sie wusste, dass die Worte ihrer Großmutter wahr waren.

Vergebung ist der Schlüssel zum Frieden. Und in diesem tiefen, friedlichen Wald lernten die Tiere, dass es immer einen Weg zur Versöhnung gibt, wenn man bereit ist, zu vergeben.

The Little Owl

In a deep, peaceful forest lived a little owl named Emilia. Emilia was curious and smart, and she loved flying through the forest and observing the other animals. One day, while fluttering through the trees, she saw something that made her heart heavy: a quarrel between two of her best friends, Felix the squirrel and Hannah the rabbit.

Felix and Hannah were usually inseparable, but that day they were angry with each other. Emilia perched on a branch and watched them argue.

"It was my apple!" shouted Felix. "You stole it!"

"No, I didn't!" replied Hannah. "I just found it when it fell from the tree."

Emilia saw the anger and pain in their eyes. She knew she had to do something to help, but she wasn't sure how.

Later that day, Emilia flew to her wise grandmother, Grandma Owl. Grandma Owl always had good advice and knew a lot about life in the forest.

"Grandma," said Emilia, "Felix and Hannah are fighting. They're so angry at each other, and I don't know how to help them."

Grandma Owl smiled gently. "Sometimes the path to reconciliation is difficult, Emilia. But it always begins with forgiveness. Forgiveness is a powerful force that can heal hearts."

"How can I help them forgive?" asked Emilia.

"First, you need to understand what forgiveness means," said Grandma Owl. "It means letting go and not holding onto the pain someone has caused you. It means finding peace in your own heart and seeing the possibility of a new friendship."

Emilia thought long and hard about her grandmother's words. The next morning, she decided to talk to Felix and Hannah.

First, she found Felix, who was still grumpy and sitting on a branch. "Felix," began Emilia cautiously, "can we talk?"

Felix sighed. "What's up, Emilia?"

"I know you're angry," said Emilia. "But I think it would be good if you forgave Hannah. Forgiveness can help us be happy again."

Felix looked at Emilia. "Why should I forgive Hannah? She stole my apple!"

"Maybe it was a misunderstanding," said Emilia gently. "Sometimes things happen that we don't understand. But if we forgive, we give ourselves the chance to move on."

Felix thought and finally nodded. "Maybe you're right, Emilia. I'll think about it."

Then Emilia went to find Hannah, who was sitting sadly under a large tree. "Hannah," said Emilia softly, "may I sit with you?"

Hannah nodded. "What's up, Emilia?"

"I know you're hurt," said Emilia. "But I think it would be good if you forgave Felix. Forgiveness is the key to healing."

Hannah sighed. "I'm sorry that Felix thinks I stole his apple. But how can I forgive him when he hurt me so much?"

"Forgiveness doesn't mean you forget what happened," Emilia explained. "It means you let go of the pain and allow the possibility of a new friendship."

Hannah thought and finally nodded. "Maybe you're right, Emilia. I'll think about it."

The next day, Felix and Hannah met by chance at the place where the quarrel had begun. They looked at each other, and Emilia watched from a nearby tree.

Felix took the first step. "Hannah," he said hesitantly, "I'm sorry I accused you. Maybe I overreacted. Can you forgive me?"

Hannah smiled slightly. "I can forgive you, Felix. I'm sorry too for taking the apple without asking. Can you forgive me too?"

Felix smiled and nodded. "Yes, I can forgive you."

Emilia watched happily as her two friends hugged and became friends again. She knew that forgiveness was a powerful force that could heal hearts.

From that day on, Felix and Hannah lived in peace and learned that misunderstandings can happen, but forgiveness can save any friendship. Emilia was glad she could help them, and she knew her grandmother's words were true.

Forgiveness is the key to peace. And in that deep, peaceful forest, the animals learned that there is always a way to reconciliation if you are willing to forgive.